500 proverbes espagnols
édition bilingue espagnol-français

Charles Cahier

Julien, Lanier et Cie, Paris, 1856

© 2023 SHS Editions
Le portail des sciences humaines et sociales
Illustration de couverture : © domaine public
Edition : SHS éditions (Hérault, 34)
Contact : infos@culturea.fr
Imprimé en Allemagne par Books on Demand
In de Tarpen 42, Norderstedt.
Design typographique : Derek Murphy
Layout : Reedsy (https://reedsy.com/)
ISBN : 9791041910267
Dépôt légal : Avril 2023
Tous droits réservés pour tous pays

PROVERBES ESPAGNOLS

A

3169. Como canta el abad, responde el sacristan.
Comme chante le curé, le magister répond.

3170. El que mucho abarja,
Poco aprieta.
Qui trop embrasse, mal étreint.

3171. Cuando chupa el abeja, miel toma ;
Y cuando el araña, ponzona.
La nourriture de l'abeille se tourne en miel,
Et celle de l'araignée, en poison.

3172. Puerta abierta,
El santo tienta.
Porte sans serrure,
Met la conscience du saint à l'aventure.

3173. En casa abierta, el justo peca.
Maison ouverte, rend voleur l'homme honnête.

3174. Buen abogado, mal vecino.
Bon avocat, mauvais voisin.

3175. Quien abrojos siembra, espinas coge.
Qui sème des chardons, recueille des piqûres.

3176. Ni absente sin culpa,
Ni presente sin disculpa.
Point d'absent qui ait raison,
Ni de présent qui ait tort.

3177. Nunca los absentes se hallaron justos.
Jamais absent n'est trouvé innocent.

3178. Muchos adobadores estragan la novia.
À force de coiffeurs, la fiancée devient chauve.

3179. Para los aduladores, no hay rico necio, ni pobre discreto.
Pour les flatteurs, il n'est riche sot, ni pauvre sage.

3180. Aficion ciega razon.
L'affection nuit à la raison.

3181. Al agradecido,
Mas de lo pedido.
Donne au reconnaissant par delà sa demande.

3182. De l'agua mansa me libre Dios !
Que de la brava me guarderè yo.
Dieu me garde des eaux tranquilles !
Quant aux torrents, je m'en charge.

3183. Con la ajena cosa
El hombre mal se honra.

Ce qui n'est point à toi, pourquoi t'en faire honneur ?

3184. Mas sabe el necio en su casa,
Que el cuerdo en la ajena.
Le sot en sait plus chez lui,
Que l'habile homme chez autrui.

3185. Nos por lo ajeno, y el diablo por lo nuestro.
Le diable s'occupe de nous, et nous des autres.

3186. Quien espera en mano ajena,
Mal yanta, y peor cena.
Qui compte sur la cuisine d'autrui,
Déjeune mal et soupe encore pis.

3187. Quien se viste de lo ajeno, en la calle lo desnudan.
Carre-toi sous l'habit d'autrui, et l'on te dépouillera
en pleine rue.

3188. Buen alzado pone en su seno,
Quien se castiga en malo ajeno.
C'est faire grand gain pour soi, que de se corriger aux
dépens d'autrui.

3189. Con ajena mano sacar la culebra del horado.
Tirer la couleuvre de son trou par la main d'autrui.

3190. La alabanza, en boca ajena.
Le panégyrique ne se fait point par le saint.

3191. No alabes ni desalabes
Hasta siete navidades.

Ne loue, ni ne blâme, avant sept années.

3192. Salud y alegria,
Hermosura cria.
Santé et gaieté, donnent la beauté.

3193. Nunca el albardan
Comerá de mi pan.
Que jamais un bouffon ne s'asseye à ma table.

3194. Da Dios almendras
Al que no tiene muelas.
*La fortune envoie des amandes aux gens qui n'ont plus
de dents.*

3195. Cuando Dios amanece, para todos amanece.
*Quand Dieu fait lever le soleil, c'est pour tout le
monde.*

3196. Bien ama, quien nunca olvida.
Bien aime, qui n'oublie pas.

3197. Amistad de todos, y de ninguno,
Todo es uno.
*Être ami de tout le monde, ou n'avoir point d'amis,
c'est tout un.*

3198. Amistad de yerno,
Sol de invierno.
Affection de gendre, soleil d'hiver.

3199. Amor de niño, agua en cestillo.
Amour d'enfant, de l'eau dans un panier.

3200. Amor de padro, que lo demas es ayre.
Il n'est amour que celui de père.

3201. Guerra, caza, y amores,
Por un placer, mil dolores.
En guerre, en chasse et en amours,
Pour un plaisir, mille douleurs.

3202. Los amores del gato, riñendo entran.
Les amours des chats commencent par se montrer les
dents.

3203. Vida sin amigo,
Muerte sin testigo.
Vie sans amis, mort sans témoins.

3204. Aquellos son ricos, que tienen amigos.
Avoir des amis, c'est être riche.

3205. Nunca esperes
Que haga tu amigo lo que tu pudieres.
Ce que tu peux faire, pourquoi comptes-tu que ton ami
le fasse ?

3206. En chica casa y en largo camino,
Se conoce el buen amigo.
Maison étroite et long chemin,
Font voir quel est l'ami certain.

3207. Buen amigo es el gato, sino que rascufia.
Bon ami est le chat, n'était qu'il égratigne.

3208. Reniego del amigo que cubre con las alas, y muerde con el pico.
Je ne tiens pas à un ami qui mord du bec tout en couvrant de l'aile.

3209. El amargo gasta doblado.
Être chiche mène à double dépense.

3210. Mas son les amenazados que los heridos.
*Bien des gens menacés
Ont leurs membres entiers.*

3211. Los amenazados comen pan.
Force gens menacés se portent assez bien.

3212. Mal amo has de guardar,
Por miedo de empeorar.
*Arrange-toi d'un mauvais maître,
De peur d'en trouver un plus piètre.*

3213. Haz lo que tu amo te manda,
Y sientate con el a la mesa.
Fais ce que veut ton maître, et puis assieds-toi à sa table.

3214. Anda a tu amo a sabor,
Si quieres ser servidor.

Sers selon le goût du maître,
Ou bien ne sers point du tout.

3215. Ni en burla ni en veras,
Con tu amo no partas peras.
Ni pour rire, ni pour de bon, ne partage les fruits avec
le patron. (Tu n'aurais que les queues ou la pelure.)

3216. Quien no puede andar, que corra.
Qui ne peut marcher, qu'il coure !

3217. Dime con quien andas,
Y diréte quien eres.
Dis-moi qui tu hantes y et je te dirai qui tu es.

3218. Animo vence guerra, que no arma buena.
Ce n'est pas la trempe des armes, mais la trempe du
cœur, qui donne la victoire.

3219. Aprende llorando,
Reyras ganando.
Pleure, s'il le faut, pour apprendre ; plus tard, tu riras.

3220. Ara bien y hondo,
Cogeras pan en abondo.
Bon labour, bonne moisson.

3221. El que a buen arbol se arrima,
Buena sombra le cobija.
Bon arbre porte bonne ombre.

3222. Arco siempre armado,
O flojo, o quebrado.
Un arc toujours bandé, se détend ou se brise.

3223. El prudente todo lo ha de provar
Antes que armas tomar.
Un homme sage tente tout avant de recourir aux armes.

3224. Asna con pollino,
No va derecha al molino.
Ânesse avec son ânon, ne va pas droit au moulin.

3225. Mas vale ruyn asno, que ser asno.
Mieux vaut avoir un méchant âne, que de faire l'âne.

3226. Bien es asno quien asno tiene ;
Mas mas asno es, quien no lo tiene.
Bien est ânon qui s'achète un baudet,
Mais qui s'en prive, bien pis est.

3227. Dijo el asno al mulo :
« Anda para orejudo. »
L'âne dit au mulet : « Va-t-en, bête à longues oreilles. »

3228. Asno de muchos, lobos le comen.
Âne de plusieurs maîtres, est mangé par les loups.

3229. Mas amo asno que me lleve,
Que caballo que me derrueque.
Mieux vaut bien chevaucher un âne, que de se faire désarçonner par un cheval.

3230. Quien no puede dar al asno,
   Vuelvese al albarda.
   Faute de pouvoir atteindre l'âne,
   On donne sur le bât.

3231. No hay atajo
   Sin trabajo.
   Point de sentier sans quelque encombre.

3232. El avariento rico,
   No tiene pariente ni amigo.
   Le riche avare ne connaît parent ni ami.

3233. Quien no se aventura, no pasa la mar.
   Qui ne veut se risquer, n'ira pas aux Indes.

3234. Quien el azeyte mesura, las manos se unta.
   On ne mesure pas l'huile sans avoir les mains grasses.

B

3235. En balde se quema el candil.
   Le jeu doit valoir la chandelle.

3236. Cuando uno no quiere, no barajan.
   Deux hommes ne se chamailleraient pas, si l'un des deux n'y avait son plaisir.

3237. Haz barato,
   Y venderas por cuatro.

À bon marché,
Clientèle triplée.

3238. De mala berengena, nunca buena calabaza.
De mauvais semis, jamais bon melon.

3239. Haz bien,
Y no cates a quien.
Fais l'aumône sans trop d'enquêtes.

3240. Al bien buscallo ; y al mal, esperallo.
Cherche le bien ; et, quant au mal, laisse-le venir.

3241. Juntate a los buenos,
Y seras uno de ellos.
Fréquente les bons, et tu deviendras bon.

3242. Boca de miel,
Manos de hiel.
Tel a langue de miel, qui a mains de fiel.

3243. Boca que no habla, Dios no la oye.
Bouche muette, Dieu ne l'entend pas.

3244. Gobierna tu boca segun tu bolsa.
Règle ta bouche sur ta bourse.
Ou : *Gouverne ton appétit*
Selon tes maravédis.

3245. A un hora
Se come el pan de la boda.
Le festin de la noce se mange en une heure.

3246. Nadie en mi bolsa, ni yo en la ajena ; y el rey en la de
todos.
Que nul ne s'occupe de la bourse d'autrui ;
C'est assez du roi, qui puise dans toutes.

3247. Bolsa sin dinero,
Llamala cuero.
Bourse vide, n'est que du cuir.

3248. Dos amigos de una bolsa,
El uno canta, y el altro llora.
Une bourse pour deux amis,
L'un pleure quand l'autre rit.

3249. Es tan bueno, que a serlo mas no valiera nada.
Tel est si bon, qu'un peu plus il ne vaudrait rien.

3250. Será bueno, pero no me entra.
Tous les honnêtes gens ne me reviennent pas.

3251. Al buen dia, abrele la puerta ;
Y para el malo te apareja.
La bonne occasion, saisis-la ;
Et la mauvaise, attends-la.

3252. El buen dia, meterle en casa ;
Pues mientras se rie, no se llora.
Journée joyeuse n'est pas à mépriser ;
Car rire n'est toujours pas pleurer.

3253. Al hombre bueno,
No le busquen abolengo.
À qui est homme d'honneur,
Ne lui demande pas sa généalogie.

3254. Buey viejo, sulco derecho.
Vieux bœuf fait le sillon droit.

3255. Hablo el buey, y dijo : MU.
Quand le bœuf veut parler, il beugle.

3256. El buey suelto, bien se lame.
Bœuf dételé, peut se lécher.

3257. A la burla, dejarla cuando mas agrada.
La plaisanterie doit avoir son terme au moment où elle
prend le mieux.

3258. Malas son las burlas verdaderas.
Les plaisanteries fondées, sont les pires.

3259. Burlas de manos,
Burlas de villanos.
Jeu de mains, jeu de vilains.

3260. Quien burla al burlador, cien dias gana de perdon.
À qui se moque du moqueur, cent jours d'indulgence.

3261. Al burro muerto, la cebaba al rabo.
Âne crevé, la queue au râtelier.

C

3262. Caballo harto no es comedor.
Cheval bon coureur,
N'est pas grand mangeur.

3263. A caballo nuevo, caballero viejo.
À jeune cheval, vieux cavalier.

3264. Cada cabello haze su sombra en el suelo.
Point de cheveu qui ne fasse son ombre.

3265. Ande yo caliente,
Y riase la gente !
Que les autres se mouillent, pourvu que je sois à sec !

3266. Calla, y coge piedras.
Tais-toi si l'on te fâche, mais va aux pierres.

3267. Mas vale bien callar,
Que mal hablar.
Silence bien gardé,
Vaut mieux que parole mal lâchée.

3268. Oir, ver, y callar.
Si quieres del mundo gozar.
Entendre, voir, et se taire ;
Sinon la vie tourne à l'amer.

3269. Oir, ver, y callar ;
Rezias cosas son de obrar.

Entendre, voir et se taire ;
Choses malaisées à faire.

3270. El bobo, si es callado,
Por sesudo es reputado.
Le sot, tant qu'il se tait, a l'air d'être sensé.

3271. Del airado un poco te desvia ;
Del callado, toda tu vida.
Fuis pour un temps l'homme colère,
Et pour toujours l'homme couvert.

3272. A mal camino, darle priesa.
Au mauvais chemin, double le pas.

3273. Quien deja el camino real por la vereda,
Piensa atajar, y rodea.
Qui laisse la chaussée pour le sentier, pense abréger,
et allonge.

3274. Quieres que te siga el can ?
Da le pan.
Veux-tu être suivi du chien ?
Donne-lui du pain.

3275. Menea la coda el can,
No por ti, sino por el pan.
Quand le chien remue la queue, c'est pour son pain au
moins autant que pour son maître.

3276. El can de buena raza,
Siempre ha mientes de la caza.
Chien de bonne race,
Rêve de la chasse.

3277. Alcanza, quien no cansa.
Qui ne se lasse point, avance la besogne.

3278. Debajo de una mala capa, se encuentra un buen bebedor.
Sous pauvre casaque, peut se trouver un gaillard.

3279. A mal capellan,
Mal sacristan.
À mauvais chapelain, mauvais sacristain.

3280. Lo que entra con el capillo, sale con la mortaja.
Ce qui entre avec le maillot, ne s'en va qu'avec le suaire.

3281. Quien entra en casa hecha,
Y se asienta a mesa puesta,
No sabe lo que cuesta.
Qui trouve la maison bâtie, et la nappe mise, ne sait pas le prix des choses.

3282. De buena casa,
Buena brasa.
De bonne maison,
Bon tison.

3283. A quien Dios quiere bien, la casa le sabe.
Celui que Dieu aime, se plaît à la maison.

3284. En casa llena,
Presto se guisa la cena.
En maison bien approvisionnée,
On a bientôt préparé la dînée.

3285. Casa tu hijo como quisieres,
Y tu hija como pudieres.
Marie ton fils comme tu voudras.
Et ta fille comme tu pourras.

3286. Ir a la guerra, y casar,
No se ha de aconsejar.
S'enrôler et se marier,
Ne sont pas chose à conseiller.

3287. Antes de que te cases,
Mira lo que haces.
Ou : Mira lo que haces,
Primero que te cases.
Avant de te marier, songe à ce que tu fais.

3288. Casaras, y amanseras.
En se mariant,
On devient patient.

3289. Quien uno castiga,
Ciento hostiga.
Qui en châtie un, en avise cent.

3290. Quitando la causa, se quita el pecado.
C'est à fuir l'occasion, que le pécheur s'amende.

3291. Por mucha cena,
Nunca noche buena.
De trop bon souper, mauvaise nuit.

3292. No hay mas cera que la que arde.
Souvent la cire qui brûle est tout ce qu'on en a.

3293. Para lo bueno, de peña ; y para lo malo de cera.
Tel est de roche pour le bien, qui est de cire pour le mal.

3294. No hay mas chinches que la manta llena.
Il n'y a pas de punaises, sauf que la couverture en est pleine.

3295. Mas vale ser tuerto que ciego.
Mieux vaut être borgne qu'aveugle.

3296. Lo ordenado en el cielo,
Forzoso se ha de cumplir en el suelo.
Ce qui est réglé dans le ciel, doit s'accomplir sur la terre.

3297. No se va al cielo en coche.
On ne va pas au ciel en carrosse.

3298. Aquel es buen cirujano,
Que ha sido bien acuchillado.
On s'entend à la chirurgie quand on a été bien tailladé.

3299. Al clerigo mudo, todo bien le huye.
Clerc muet n'a guère d'avenir.

3300. De cobardos, no hay nada escrito.
L'histoire ne s'occupe pas des lâches.

3301. La codicia rompe el saco.
À force débourrer un sac, on le crève.

3302. Quien sea cofrade, que tome la candela.
Que ceux-là prennent un cierge, qui sont de la confrérie.

3303. Aqui te cojo,
Aqui te mato.
Sitôt pris, sitôt pendu.

3304. Comadre andariega, donde voy allá os hallo. — Si vos, comadre, estuviesedes en vuestra casa, con la pierna quebrada, no me veriades en cada casa.
Commère la coureuse, partout où je vais, je vous rencontre. — Commère la jaseuse, si vous étiez au lit avec la jambe cassée, vous ne me trouveriez pas hors de votre maison.

3305. El comer y el rascar,
Todo es empezar.
*À manger et à gratter,
Il suffit de commencer.*

3306. Quien come hasta enfermar,
Ha de ayunar hasta sanar.
Qui mange à se rendre malade,
Aura à jeûner pour se guérir.

3307. Dejar de comer por haber comido,
No es enfermedad de peligro.
Avoir perdu l'appétit à manger,
Est une maladie sans danger.

3308. Gran placer, no escotar y comer.
C'est plaisir de manger quand on n'a pas à payer.

3309. Al comer, sudar ; y al hazer, temblar.
Tel mange à suer, qui travaille à grelotter.

3310. Quien a solas come el gallo,
A solas ensilla el caballo.
Qui mange seul sa côtelette,
Sera seul à seller sa bête.

3311. Los primeros a comer,
Postreros a hazer.
Premiers à manger, derniers à travailler.

3312. De hambre a nadie vé morir ;
De mucho comer, cien mil.
Je n'ai guère vu de gens mourir de faim ;
Mais de trop manger, cent mille.

3313. Mas matò cena,
Que sanò Avicena.
*La mangeaille a tué plus de gens que n'en a guéri
Avicenne.*

3314. Lo que no hemos de comer,
Dejemoslo cocer.
*Ce que tu ne dois point manger,
Laisse-le fricasser.*

3315. Comida fria, bebida caliente,
Nunca hizieron buen vientre.
*Boire chaud et manger froid
N'accommodent point l'estomac.*

3316. Pan comido, compañia deshecha.
Dîner mangé, amis envolés ;
Ou : *Quand vous renversez la marmite,
Les amis vous quittent.*

3317. Cuando pelean los compadres,
Se descubren las verdades.
*Quand les compères se brouillent,
La vérité se débrouille.*

3318. Compañero gracioso, vale por coche.
Compagnon joyeux en voyage, vaut une voiture.

3319. El que compra y miente,
En su bolsa lo siente.
Qui achète et ment, en sa bourse le sent.

3320. Quien te conozca, te compre.
Que celui-là t'achète, qui saura ce que tu vaux.

3321. Compra lo que no has menester,
Y venderas lo que no podras excusar.
Qui achète ce qui lui plaît, vendra ce qu'il lui faut.

3322. Quien compra lo que no puede,
Vende lo que le duele.
Qui achète ce qu'il ne peut,
Vend ensuite ce qu'il ne veut.

3323. Obra del comun,
Obra de ningun.
Tâche commune ne presse personne.

3324. Quien hace por el comun, hace por ningun.
Qui sert tout le monde, n'oblige personne.

3325. En casa de comunidad,
No muestres tu habilidad.
Là où les intérêts sont en commun, ne montre point ton
savoir-faire.

3326. Poca ciencia, y mucha conciencia.
Passe le manque de science à qui a bonne conscience.

3327. Al medico, confessor, y letrado,
No le hayas engafiado.
À ton confesseur, ton avocat et ton médecin,
Ne cache jamais rien.

3328. Por el alabado dejé el conocido,
Y vime arepentido.
On sait ce que l'on quitte, et l'on ne sait ce que l'on prend.

3329. Quien a solas se aconseja,
A solas se remesa.
Qui se conseille seul, enrage tout seul.

3330. En consejas,
Las paredes tienen orejas.
Dans les consultations, les murailles ont des oreilles.

3331. Al buen consejo, no se halla precio.
Les diamants ont leur prix,
Un bon conseil n'a point de prix.

3332. Del hombre necio,
A veces buen consejo.
D'un sot vient parfois bon conseil.

3333. Aunque seas prudente y viejo,
No desdeñes el consejo.
Sage ou vieux, n'importe ; prends toujours conseil.

3334. Consejo de quien bien te quiere,
Aunque te parezca mal, escrivele.
Conseil d'ami,
N'y visses-tu pas clair, mets-le par écrit.

3335. A todos dan consejo,
Y no lo toman para si.
Donneur d'avis,
S'en doit d'abord à lui.

3336. El sabio muda consejo ;
El necio, no.
Le sage change d'avis, et le sot s'entête.

3337. Despues de ido el conejo,
Viene el consejo.
Quand le gibier est parti, on devine comment il fallait
le prendre.

3338. Consejo sin remedio, es cuerpo sin alma.
Conseil sans assistance, c'est corps sans âme.

3339. Pon lo tuyo en consejo :
Unos diran que es bianco, otros que es negro.
Consulte sur tes affaires : les uns te diront blanc, et les
autres, noir.

3340. No llegues a la consulta antes de ser llamado.
Ne va pas au conseil si l'on ne t'y appelle.

3341. Encontienda,
Ponte rienda.
Dans la dispute, tiens-toi la bride courte.

3342. Dios me dé siempre contienda
Con quien me entienda.

Dieu veuille que je n'aie jamais à disputer
Qu'avec gens qui consentent à m'écouter !

3343. A quien no le basta espada y corazon,
Ne le bastaran corazas y lanzon.
À qui l'épée et le cœur ne suffisent point,
Lance et cuirasse ne lui suffiront pas.

3344. Quien a todos cree, yerra ;
Quien a ninguno, no acierta.
Qui croit tout le monde, se trompe ; comme qui ne croit personne.

3345. Deve algo para Pascua, y hazerse te ha corta la cuaresma.
Fais une dette payable à Pâques, et tu trouveras le carême court.

3346. Quien te cubre, te descubre.
Il est telle défense, qui trahit.

3347. El que ha de dar cuenta de si y de otros,
Es menester que conozca a si y a los otros.
Qui doit rendre compte de soi et des autres, devrait connaître l'un et l'autre.

3348. El que a cuchillo mata, a cuchillo muere.
Qui tue du couteau, meurt du couteau.

3349. Cria un cuervo, y sacar te ha el ojo.
Élève un corbeau, il te mangera les yeux.

3350. Para la cuesta arriba, dame tu mulo ;
       Que para la cuesta abajo, yo me la subo.
       Prête-moi ta mule pour la montée,
       Je t'en tiendrai quitte pour la descente.

3351. Quien con cuñados entra en misa,
       Solo sale de la iglesia.
       Qui va à l'église avec des beaux-frères,
       Finira tout seul sa prière.

D

3352. Quien presto da, dos vezes da.
       Qui donne promptement,
       Donne doublement.

3353. En tomar y dar,
       Es facil errar.
       À prendre et à donner, on peut fort se tromper.

3354. A quien dan, no escoje.
       Qui reçoit,
       N'a pas le choix.

3355. El dar y el tener,
       Seso ha menester.
       Donner et posséder, demandent du bon sens.

3356. Donde las dan,
Las toman.
Où l'on donne,
L'on s'approvisionne.

3357. Quien da lo suyo antes de morir,
Apareje se a bien sufrir.
Qui donne son bien avant de mourir,
Peut s'apprêter à bien souffrir.

3358. Calle el que dio,
Hable el que tomo.
Que le donateur se taise, c'est à l'obligé de parler.

3359. Dadivas quebrantan peñas.
Des présents percent les rochers.

3360. Dadiva de ruin, a su dueño semeja.
Don de méchant, tient de son auteur.

3361. El mejor lance de los dados,
Es no jugarlos.
Le meilleur coup de dés, c'est de les jeter (par la fenêtre).

3362. A presurosa demanda, espaciosa respuesta.
À prompte demande, réponse lente.

3363. Al desdichado,
Poco le val ser esforzado.
À qui est malheureux, rien ne sert d'être courageux.

Ou : *À qui a l'étoile contraire,*
Le courage ne sert guère.

3364. El deseo haze hermoso lo feo.
La passion embellit ce qui est laid.

3365. Quien paga deudas, haze caudal.
Qui paie ses dettes, s'enrichit.

3366. Tanto quiso el diablo a sus hijos,
Que les sacó los ojos.
À force d'amitiés pour ses favoris,
Le diable les a déconfits.

3367. Detras de la cruz esta el diablo.
Le diable sait s'embusquer à l'ombre de la croix.

3368. Do falta dicha, por demas es diligencia.
Sans un peu de bonheur, l'énergie ne conduit pas à
tout.
Ou bien : *Où manque le bonheur, toute fatigue est*
vaine.

3369. Dios y vida,
Componen villa.
L'aide de Dieu et la vie mènent les affaires à point.

3370. Eso se hace
Que a Dios place.
Ce que Dieu veut, arrive.

3371. Mas vale a quien Dios ayuda,
Que quien mucho madruga.
Mieux vaut l'aide de Dieu
Que d'être matineux.

3372. No hiere Dios con dos manos.
Dieu ne frappe guère que d'une main.

3373. Despues de Dios, la olla.
Après Dieu, le pot au feu.

3374. Dios consiente,
Y no para siempre.
Dieu laisse faire, mais non pas jusqu'au bout.

3375. Dios da el frio conforme la ropa.
Dieu donne le froid selon le drap.

3376. Aquel es rico, que esta bien con Dios.
Celui-là est riche, qui est l'ami de Dieu.

3377. Cuando Dios quiere, con todos aires llueve.
Quand Dieu veut,
À tout vent il pleut.

3378. A Dios rogando,
Y con el mazo dando.
Tout en priant le Ciel, donne ton coup d'épaule.

3379. Mas gana quien Dios ayuda, que quien mucho
madruga.

L'aide de Dieu avance plus les affaires que ne font les veilles.

3380. Mas puede Dios ayudar, que velar ni madrugar.
Mieux vaut l'aide de Dieu que toutes les veilles.

3381. A ti lo digo, hijuela ; entiendelo tu, nuera. *Ou :*
A ti te lo digo, Pedro ; para que lo entiendas, Juan.
Ce que je dis à vous, ma nièce, c'est pour vous, mon neveu.

3382. Quien dice lo suyo, mal callará lo ajeno.
Qui évente son secret, ne gardera pas celui d'autrui.

3383. Cuanto sabes no diras,
Cuanto vees no juzgaras,
Si quieres vivir en paz.
Ne dis point tout ce que tu sais,
Ni ne juge tout ce que tu vois,
Si tu veux vivre en paix.

3384. No te diré que te vayas,
Mas haréte obras con que lo hagas.
Je ne te dirai pas ; Va-t-en,
Mais je ferai si bien que tu t'en iras.

3385. Perdi mi honor
Diziendo mal y oyendo peor.
J'ai perdu mon honneur en disant des sottises et en m'attirant des horreurs.

3386. Del dicho al hecho,
Hay gran trecho.
De dire à faire, il y a du chemin.

3387. Lo bien dicho,
Presto es dicho.
Ce qui est bien dit, est bientôt dit.

3388. Los dichos en nos,
Los hechos en Dios.
*Parler, nous regarde ; mais pour l'action, il faut que
Dieu s'en mêle.*

3389. Mas cura la dieta
Que la lanzeta.
*On guérit plus par la diète,
Que par la lancette.*

3390. Dinero de contado,
Halla soldado.
Argent comptant, enrôle les gens.

3391. A dineros pagados, brazos quebrantados.
Ouvrier payé, ouvrier sans bras.

3392. Armas y dineros, buenas manos quieren.
*Armes et argent dépendent de la main qui les fait
valoir.*

3393. Quien dineros tiene,
Alcanza lo que quiere.
Avec de l'argent, on vient à bout de tout.

3394. En dineros sea el caudal
De aquel que quieres mal.
*Celui à qui tu veux du mal, souhaite-lui d'avoir tous
ses biens en argent.*

3395. En la boca del discreto,
Lo publico es secreto.
*En la bouche du discret,
Ce qui est public est secret.*

3396. Dolor de codo y dolor de esposo,
Duele mucho y dura poco.
*Douleur de coude et douleur de mari,
Grande douleur de peu de durée.*

3397. Don zaherido,
No es agradecido.
Bienfait reproché est tout payé.

3398. Quien mucho duerme, poco aprende.
Qui dort beaucoup, n'apprend guère.

3399. Piensa bien, y no duermas.
Réfléchis, et ne t'endors point sur tes bonnes mesures.

3400. Qual el dueño, tal el perro.
Tel maître, tel chien.

3401. El pie del dueño, estiercol para la heredad.
Le pied du maître fume le champ.

3402. Mas da el duro
       Que el desnudo.
       *On tirera plutôt quelque chose de l'homme chiche, que
       de celui qui n'a rien.*

E

3403. Embia el sabio a la embajada,
       Y no le digas nada.
       *Choisis bien ton ambassadeur, et ne le charge pas
       d'instructions.*

3404. Al enemigo, si vuelve las espaldas, la puente de plata.
       Pont d'argent à l'ennemi qui se retire.

3405. De los enemigos,
       Siempre el menos.
       En fait d'ennemis, le moins possible.

3406. Quien es tu enemigo ? — Aquel de tu officio.
       Ton véritable ennemi est celui de ta place.

3407. Ceño y enseño,
       De mal hijo hacen bueno.
       *Attention et instruction,
       D'un mauvais fils en font un bon.*

3408. Entiende primero, y habla postrero.
       Écoute d'bord, et puis parle.

3409. Quien bien esta y mal escoje,
Por mal que venga no se enoje.
Qui est bien, qu'il s'y tienne ;
Et s'il change, qu'il ne se plaigne.

3410. El judio echase a perder con pascuas ;
El moro, con bodas ;
Y el cristiano, con escrituras.
Le juif se ruine en pâques, le maure en noces et le
chrétien en procès.

3411. La espada y la sortija, en cuya mano estan.
La mesure de l'épée, comme de la bague, c'est la main
qui la porte.

3412. Cuando el Español canta,
O rabia, o no tiene blanca.
Si tu vois l'Espagnol chantant,
C'est qu'il enrage ou qu'il n'a point d'argent.

3413. Lo que te dijere el espejo,
No te lo diran en consejo.
Ton miroir te dira ce que bien des gens consultés ne te
diront pas.

3414. A lo que puedes solo, no esperes a otro.
Ce que tu peux faire seul, ne t'en repose pas sur
autrui.

3415. Chica es la punta de la espina,
Mas a quien duele, no la olvida.

La pointe de l'épine est petite, mais il en souvient à qui la sent.

3416. Cadauno estornuda
Como Dios le ayuda.
Chacun de nous éternue
Selon la force qu'il a reçue.

3417. Ni todos los que estudian son letrados,
Ni todos los que van a la guerra, soldados.
On n'est pas docteur pour avoir étudié,
Ni soldat pour avoir été à l'armée.

3418. Estropezar y es caer, aventaja es de camino.
Broncher sans tomber, avance la marche.

3419. Dos adevinos hay en segura :
El uno, experiencia ; y el otro, cordura.
Il y a deux devins assurés : l'expérience et la prudence.

3420. La experiencia
Madre es de la ciencia.
L'expérience est mère de la science.

F

3421. Cobra buena fama, y echate a dormir.
Acquiers bonne renommée,

Et dors grasse matinée.

3422. La mucha familiaridad acarrea menosprecio.
La familiarité amène le mépris.

3423. Mejor es deseo que fastidio.
Mieux vaut se faire désirer,
Que faire naître la nausée.

3424. Con el favor, no te conoceras ;
Sin el, no te conoceran.
En faveur, tu ne te connaîtras pas ;
En disgrâce, nul ne te connaîtra.

3425. Con el ojo ni la fe,
No me burlare.
Avec l'œil et avec la foi, point de badinage.

3426. Passara la fiesta, y el loco resta.
La fête passe, et le fou reste.

3427. Quien te hace fiesta que no te suele hazer,
O te quiere engañar, o te ha menester.
Qui te fête plus que de coutume, veut te tromper ou te
mettre à contribution.

3428. Genio y figura,
Hasta la sepultura.
Payer de mine et savoir-faire,
Ne vaut que jusqu'au cimetière.

3429. Acometa quien quiera,
El fuerte espera.
Attaque qui voudra, le brave l'attendra.

3430. Do fuerza viene,
El derecho se pierde.
Où entre la force, le droit s'efface.

G

3431. Presto se pasa la gala,
Mas no la falta que haze en casa.
*Le festin passe vile, mais non pas la trouée qu'il laisse
dans les affaires.*

3432. Viva la gallina, y viva con su pepita !
Vive la poule ! eût-elle la pépie.

3433. A buena gana, no hay pan duro.
Bon appétit ne trouve jamais le pain dur.

3434. Donde hay gana, hay maña.
*Avec la bonne envie,
On s'industrie.*

3435. Lo bien ganado se pierde ; y lo malo, ello y su dueño.
*Le bien justement acquis peut se perdre, mais le mal
acquis perd son maître en sus.*

3436. Por no gastar lo que basta,
Lo que era excusado se gasta.
À épargner ce qu'il fallait dépenser,
On gaspille ce qui pouvait s'épargner.

3437. Gato miolador
No es buen cazador.
Chat qui miaule, chasse d'autant moins.

3438. Manos generosas,
Manos poderosas.
Mains généreuses, mains puissantes.

3439. Gloria vana
Florece, y no grana.
Gloire vaine
Ne monte pas en graine.

3440. De un solo golpe no se derriba un roble.
D'un seul coup ne s'abat pas un chêne.

3441. La gota se cura, tapando la boca.
La goutte se guérit en bâillonnant la bouche.

3442. El grande de cuerpo, no es muy hombre.
Qui dit grande taille, ne dit pas grande âme.

3443. Ruegos de grande, fuerza es que te haze.
Prière de grand personnage, est une violence.

3444. Ante reyes o grandes, o calla, o cosas agradables habla.

Devant les rois et les grands,
Sois muet ou complaisant.

3445. Mas vale caer en gracia, que ser graciso.
Mieux vaut être agréé, que faire l'agréable.

H

3446. Hablar sin pensar,
Es tirar sin encarar.
Parler sans penser, c'est tirer sans viser.

3447. Quien no habla, no le oye Dios.
Qui ne parle pas, Dieu ne l'entend pas.

3448. Quien mucho habla y poco entiende,
Por asno lo venden en san Vincente.
Qui beaucoup parle et peu entend,
Pour âne à la foire se vend.

3449. Guardate del hombre que no habla, y de can que no ladra.
Garde-toi de l'homme secret et du chien muet.

3450. A pan de quinze dias,
Hambre de tres semanas.
À pain de quinze jours, faim de trois semaines.

3451. A buena hambre, no hay pan duro.
Pour un bon appétit il n'est point de pain dur.

3452. Hambre y frio, entregan el hombre a su enemigo.
Faim et froid font capituler l'homme.

3453. A lo que teneis de hazer, no digas cras ;
Pon la mano, y haz.
Ce que tu dois faire, ne le remets pas à demain ;
Mets-y dès aujourd'hui la main.

3454. Donde fueres,
Haras como tu vieres.
Où tu vivras, fais comme tu verras.

3455. Sea quien quiera, heredero, si algo sobra.
Hérite qui voudra,
De ce qui restera.

3456. Entre hermanos
No metas tu manos.
Entre frères,
Ne te charge pas d'arranger les affaires.

3457. Huespeda hermosa, mal para la bolsa.
Pour belle hôtesse il en cuit à la bourse.

3458. En casa del herrero, cuchillo de palo.
À la table du coutelier, couteau de bois.

3459. De buena planta planta la vite,
Y de buena madre toma la hija.
Choisis ta vigne de bon plant, et ta femme de bonne
mère.

3460. A hija casada, salen los yernos.
Quand une fille est mariée, force épouseurs se présentent.

3461. Hija no tenemos,
Y nombre le ponemos.
Nous cherchons un nom à notre fille, et Dieu sait si elle naîtra !

3462. A buen hijo ni a malo,
No le cave heredar.
Ton fils fût-il un mauvais gas,
Ne le déshérite pas.

3463. Hijo malo, mas vale doliente que sano.
Mauvais garçon, vaut mieux malade que sain.

3464. Por el hilo se saca el ovillo.
Un bout du fil fait dévider l'écheveau.

3465. Si quieres holgura,
Sufre amargura.
Si tu veux arriver au doux, sache avaler l'amer.

3466. La hogaza no embaraza.
Vivres ne sont point fardeau.

3467. A quien cuece y amasa,
No hurtes hogaza.
On ne trompe point le boulanger sur le pain.

3468. Honra es de los amos,
Lo que se hace a los criados.
L'honneur rendu au valet,
C'est le maître qui en est l'objet.

3469. Honra al sabio porque te honre,
Y al loco porque no te deshonre.
Honore le sage, pour qu'il t'honore ;
Et le sot aussi, de peur qu'il ne te déshonore.

3470. Cada hormiga tiene su ira.
La fourmi a sa rage comme une autre bête.

3471. Da Dios alas a la hormiga para morir mas aina.
Dieu donne des ailes à la fourmi pour hâter sa mort.

3472. Por su mal le nacieron alas a la hormiga.
Quand les ailes poussent à la fourmi, c'est pour sa perte.

3473. Casa hospedada,
Comida y denostada.
Maison à réceptions,
Maison en consomption.

3474. Hurtar el puerco, y dar los pies por Dios.
Tel donne les pieds du cochon en aumôme, qui a dérobé la bête.

I

3475. Ni por ir a la iglesia, ni por dar cebada,
No se pierde jornada.
*Le temps passé à l'église, et à donner l'acoine, ne nuit
point à une journée.*

3476. A lo que sabes ignorar, con dedo aprieta el labio.
À ce que tu ignores, tiens le doigt sur ta bouche.

3477. De buenas intenciones esta el infierno lleno.
De bonnes intentions, l'enfer en est plein.

3478. Dime con que iras, dexir te he lo que haras.
Dis-moi qui t'accompagnera,
Je te dirai ce que tu feras.

3479. Juegos de manos,
Juegos de villanos.
Jeux de mains,
Jeux de vilain.

3480. La aguda subtileza del juez no dañarà no haviendo
culpa.
*Le juge a beau être fin, l'innocence est une grande
force.*

3481. Quien padre tiene alcalde, seguro va al juicio.
Qui est fils de l'alcade, va sans crainte au tribunal.

3482. Qual te hallo, tal te juzgo.
Comme on te voit, l'on te juge.

L

3483. Piensa el ladron que todos son de su condicion.
Le voleur croit que tout le monde est de son métier.

3484. Quien roba a un ladron,
Tiene cien años de perdon.
Voler un larron,
C'est bénédiction.

3485. Entrar lamiendo,
Y salir mordiendo.
Tel entre en léchant, qui mord en sortant.

3486. Quien lengua tiene, a Roma va.
Avec une langue, on arrive à Rome.

3487. A mala lengua, buena tijera.
À mauvaise langue, bons ciseaux (pour la couper).

3488. La lengua luenga
Es señal de mano corta.
Langue longue, main courte.

3489. Lo que dice la lengua, paga la gorja.
La langue parle à son aise,
Mais il en cuit au cou.

3490. La mano cuerda do haze
Todo lo que la lengua loca dize.

La main sage ne se tient pas pour engagée par les dires d'une langue folle.

3491. Tal la ley qual el rey.
Tel roi, telle loi.

3492. Allá van leyes
Do quieren reyes.
La loi vaut ce que veut le roi.

3493. Trapasa et rico las leyes, y es castigado el pobre.
Le riche commet le délit, et le pauvre paie l'amende.

3494. Quien puede ser libre, no se cautive.
Qui peut vivre libre, ne s'asservisse pas.

3495. Dios me libre de hombre de un libro !
Dieu me garde de qui ne connaît qu'un seul livre !

3496. Donde menos se piensa, se levanta la llebre.
Là où l'on s'y attendait le moins, on fait parfois lever un lièvre.

3497. Refriadas, duelen mas las llagas.
En refroidissant, la blessure devient plus sensible.

3498. Sanan llagas, y no malas palabras.
Une blessure se cicatrise, mais non pas un mot fâcheux.

3499. El dar limosna, nunca mengua la bolsa.
Donner à Dieu, n'appauvrit l'homme.

3500. A mala llaga, mala yerva.
À rude plaie, rude herbe.

3501. No me llames bien hadada,
Hasta que me veas enterrada.
Ne vante pas mon bonheur, tant que je ne serai pas au cimetière.

3502. Quien no llora, no mama.
L'enfant qui ne pleure pas, n'aura pas à téter.

3503. Al fin loa la vida, y a la noche loa el dia.
Loue le beau jour au soir, et la vie à la mort.

3504. Con un lobo no se mata un otro.
Les loups ne se mangent pas entre eux.

3505. Quien con lobos anda, a ahullar se enseña.
Avec les loups on apprend à hurler.

3506. De ladron de casa,
Y de loco fuera de casa.
Gare-toi au dedans du larron domestique,
Et du niais, sur la place publique.

3507. Guardate de los locos en lugar estrecho.
Garde-toi de croiser un sot, si la rue n'est bien large.

3508. Al loco y al aire, darle calle.
Le fou et le vent, fais-leur place.

3509. Burlaos con el loco en casa,
Y borlará con vos en la plaza.
*Jouez avec le sot en particulier, il jouera avec vous en
public.*

3510. Lo que hace el loco a la dareria,
Hace el sabio a la primeria.
*Ce que le fou réserve pour la fin,
Le sage le place en tête.*

3511. En cabeza loca
No se tiene la toca.
*Sur une tête de phoque,
Ne tient point une toque.*

3512. Quien enferma de locura,
O sana tarde, o nunca.
*Qui est malade de folie, ne guérit que bien tard, ou
même jamais.*

3513. Son mas las dias que las longanizas.
*Il y a plus de jours au calendrier,
Que de boudins au garde-manger.*

3514. Sientate en tu lugar,
Y no te haran levantar.
Assieds-toi à ta place, et l'on ne te fera pas lever.

3515. El sol me luza, que de la lumbre no he cura.
*Que le soleil m'éclaire ;
Les bougies, je n'y tiens guère.*

M

3516. Quien madruga, Dios le ayuda.
Qui se lève matin,
Dieu lui tend la main.

3517. Del mal, el menos.
En fait de mal, le moins est le mieux.

3518. Bien vengas mal, si vienes solo.
Bienvenu soit le mal qui vient tout seul.

3519. Quien mal anda, en mal acaba.
Mauvais chemin, mène à mauvaise fin.

3520. Mas cuesta mal hazer, que bien hazer.
Bien faire, coûte encore moins que mal faire.

3521. Quien hace mal,
Espere otro tal.
Si tu fais le mal, attends du mal.

3522. No hay quien haga mal, que despues no lo venga a pagar.
Nul ne fait mal, qu'il ne le paie.

3523. Con mala persona, el remedio :
Much a tierra en medio.
Le remède contre le méchant,
C'est de mettre entre toi et lui quelques arpents.

3524. Cuando la mala ventura se duerme,
Nadie la despierte.

3525. A cada malo, su dia malo.
Le mauvais homme trouve son mauvais jour.

3526. Si para ti eres malo,
Para quien seras bueno ?
Si tu n'es pas bon pour toi, pour qui le seras-tu ?

3527. Mañana será otro dia.
Demain ne sera plus ce jour-ci.

3528. Manda, y descuida ; no se hará cosa ninguna.
Commande sans faire exécuter, et rien ne se fera.

3529. Manda y hazlo, y quitar te has de cuidado.
Ce que tu veux, fais-le, et tu n'auras plus de soucis.

3530. De la mano a la boca
Desaparece la sopa.
*Entre la main et la bouche, plus d'un morceau reste en
chemin.*

3531. Becerreta mansa, todas las vacas mama.
Veau caressant, tette toutes les mères.

3532. En gran mar se cria gran pez.
Le grand poisson vit dans les grandes eaux.

3533. Marzo ventoso y abril lluvioso,
Sacan a mayo hermoso.

Mars venteux et avril pluvieux, font mai joyeux.

3534. Da laventaja al mayor,
Perdona al menor.
Cède à la force, et fais quartier à la faiblesse.

3535. De medico, poeta, y loco,
Todos tenemos un poco.
Du fou, du poëte et du médecin,
Nous avons tous un petit brin.

3536. No se mide el hombre que para la frente.
La mesure de l'homme se prend au front.

3537. Quien quiere medrar,
Siga casa real, iglesia, o mar.
Qui veut faire son chemin, suive la cour, l'église, ou la
mer.

3538. Miedo guarda viña.
Qui ne craint rien, perd son raisin.

3539. A quien se hace miel, moscas se le comen.
Qui se fait miel, les mouches le mangent.

3540. Haceos miel,
Y paparos han las moscas.
Fais-toi miel, pour que les mouches te mangent.

3541. No se hizò la miel para la boca del asno.
Ce n'est pas pour la bouche de l'âne qu'a été fait le
miel.

3542. El año produce las mieses, y no la heredad.
Ce n'est pas le champ, mais l'année, qui produit la moisson.

3543. Quien no mira adelante,
Atras se cae.
Faute de regarder en avant,
On tombe en arrière.

3544. Mirame, y no me toques. *Ou :* Mirar, no tocar.
Il faut savoir regarder sans toucher.

3545. Aunque se vista de seda,
La mona, mona se queda.
Pour être vêtu de soie, le singe n'en est pas moins une bête.

3546. Guardate de moza adevina,
Y de muger latina.
Gare-toi de la fille devineresse, et de la femme savante.

3547. Mozo bien criado, ni de suyo habla,
Ni preguntado calla.
Enfant bien appris, ne parle pas sans être interrogé, ni ne se tait quand on l'interroge.

3548. A mocedad ociosa,
Vejez trabajosa.
Après jeunesse oisive,
Vieillesse plaintive.

3549. El mozo, por no saber,
El viejo, por no poder,
Dejan las cosas perder.
Si jeunesse savait,
Si vieillesse pouvait,
Rien ne se perdrait.

3550. Nunca mucho costó poco.
Jamais beaucoup n'a coûté peu.

3551. Lo que mucho vale, mucho cuesta.
Ce qui vaut, coûte.

3552. Tres muchos y tres pocos destruien el hombre :
Mucho hablar y poco saber,
Mucho gastar y poco tener,
Mucho presumir y poco valer.
Trois beaucoup, et trois peu, perdent l'homme :
Beaucoup parler et peu savoir,
Beaucoup dépenser et peu avoir,
Beaucoup présumer et peu valoir.

3553. Mal de muchos, consuelo de tontos.
La communauté de malheur console les imbéciles.

3554. Quien se muda, Dios le ayuda.
Qui s'amende, Dieu lui aide.

3555. A muertos y a idos,
No hay mas amigos.

Morts et gens partis,
N'ont plus guère d'amis.

3556. El hombre es el fuego ; la muger, la estopa ;
Viene el diablo, y sopla.
L'homme est le feu ; la femme, l'étoupe ;
Et le diable est le soufflet.

3557. De la mala muger te guarda,
Y de la buena no fies nada.
De la mauvaise femme garde-toi bien ;
Et la bonne, ne t'y fie point.

3558. La muger y la gallina
Por mucho andar se pierde aina.
Poule et femme qui s'écartent de la maison, se
perdent.

3559. La muger que no vela,
No hace larga tela.
Femme qui ne veille un peu,
Aura maigre pot-au-feu.

N

3560. No con quien naces,
Sino con quien paces.
Compagnon vaut parfois bien un frère.

3561. A quien no tiene nada,
Nada lo espanta.
Qui n'a rien, ne craint rien.

3562. A nuevas necessidades, nuevos consejos.
À nouvelles affaires, nouvelles manières.

3563. Grande arma es la necessitad.
La nécessité est une arme puissante.

3564. Mas vale ser necio, que porfiado.
Mieux vaut sottise qu'opiniâtreté.

3565. A cada necio agrada su porrada.
À chaque fou plaît sa marotte.

3566. Quando toparas con el necio,
Finge negocio.
Quand tu rencontreras un sot, feins d'avoir affaire.

3567. Ni a todos dar,
Ni con necios porfiar.
Il ne faut pas donner à tous,
Ni contester avec les fous.

3568. Quien neciamente peca,
Neciamente se va al infierno.
Qui pèche par sottise, se damne par sottise.

3569. Aunque negros, somos gente.
Pour être noir, on est cependant homme.

3570. Lo que el niño oyó en el hogar, eso dize en el portal.
Ce que l'enfant a entendu sous la cheminée, il le redit sur la porte.

3571. Al noble, su sangre avisa.
Un noble doit trouver sa leçon dans son cœur.

3572. Por nuevas no peneis :
Hazer se han viejas, y saber las hais.
Ne t'inquiète pas des nouvelles : elles vieilliront, et t'arriveront.

O

3573. Obras son amores,
Y no buenas razones.
Ce n'est pas aux paroles, mais à l'action,
Que l'on reconnaît l'affection.

3574. Quien en plaza a obrar se mete,
Muchos administradores tiene.
Serviteur de place, a bien des maîtres.

3575. Obreros a no ver,
Dineros a perder.
Ouvriers non veillés, argent perdu.

3576. La ocasion tiene la frente con cabellos,
Y por detras es calva.

L'occasion n'a de cheveux que sur le front.

3577. Del ocio
Nace el negocio.
Ne rien faire, crée beaucoup d'affaires.

3578. La mercaduria ofrecida, huele mal.
Marchandise offerte, marchandise tarée.

3579. De gran corazon es el sufrir,
Y de gran seso el oir.
Il est d'un grand cœur d'endurer,
Et d'un grand sens d'écouter.

3580. No hay peor sordo, que el que no quiere oir.
Il n'est pire sourd que qui ne veut pas entendre.

3581. A mal hablador, discreto oidor.
À mauvais parleur, discret auditeur.

3582. A palabras necias,
Oidos sordos.
À sotte langue, sourde oreille.

3583. Ni ojo en carta, ni mano en arca.
Il ne faut pas plus jeter les yeux sur les papiers
d'autrui, que mettre la main dans la cassette du voisin.

3584. Lo que con el ojo veo, con el dedo lo adivino.
Ce que je vois, je le touche.

3585. Quien quiere el ojo sano,
Atese la mano.
Qui veut guérir son œil, se mette le bras en écharpe.

3586. Lo que ojos no veen, corazon no desea.
Ce qu'œil ne voit,
Cœur ne s'en met en émoi.

3587. Mas veen cuatro ojos,
Que no dos.
Quatre yeux
Voient mieux que deux.

3588. No pidas peras al olmo.
Ne demandez pas des poires à un orme.

3589. Si quieres saber orar,
Entra en la mar.
Veux-tu savoir prier ? fais connaissance avec la mer.

3590. A palabras locas
Orejas sordas.
À sottes paroles, sourde oreille.

3591. No hay cerradura, si es de oro la ganzua.
Point de serrure qui ne s'ouvre, si le crochet est d'or.

3592. En vayna de oro, cuchillo de plomo.
En fourreau d'or, lame de plomb.

3593. Al hombre osado,
La fortuna le da la mano.
À l'homme de cœur, la fortune donne la main.

3594. Cada oveja con su pareja.
Chaque brebis avec sa pareille.

3595. El polvo de la oveja, alcohol es para el lobo.
La poussière soulevée par les moutons, est l'eau-de-vie de loup.

3596. Oveja que bala, bocado pierde.
Brebis qui bêle, perd sa gueulée.

P

3597. A padre ganador, hijo gastador.
À père avare, fils prodigue.

3598. De padre santo, hijo diablo.
De père en dévotion,
Fils en damnation.

3599. Padre seras,
Y assi te haran como me haras.
Mon fils, tu deviendras père ; et comme tu m'auras fait, on te fera.

3600. Todo el mondo es pais.
Partout on peut vivre.

3601. Quien pajaro ha de tomar,
No ha de ojear.
Qui veut prendre un oiseau, ne l'effarouche pas.

3602. Donde fuiste paje, no seas escudero.
Où tu as été page, ne sois point palefrenier.

3603. Palabra y piedra suelta,
No tiene vuelta.
Parole et pierre lancées, le sont sans retour.

3604. Quales palabras te dizen,
Tal corazon te ponen.
Parole hardie donne du cœur.

3605. Palabras y plumas, el viento las lleva.
Les paroles et les plumes deviennent la proie du vent.

3606. Cosas de palacio
Van de espacio.
Affaires de cour, ne sont pas courtes.

3607. Todos los duelos, con pan son buenos.
Il n'est pas de chagrin
Qui ne s'avale avec du pain.

3608. Del pan de mi compadre, gran zatico a mi ahijado.
Du pain de mon compère, grosse miche à mon filleul.

3609. Mas vale pan con amor,
Que gallina con dolor.
Mieux vaut partager un pain avec affection,
Qu'un poulet avec affliction.

3610. Ni tu pan en tortas,
Ni tu vino en botas.
Ne mets point tout ton blé en gâteaux,
Ni tout ton vin en bouteilles.

3611. Por mucho pan, nunca mal año.
Trop de blé ne gâte pas l'année.

3612. Quien da pan a perro ajeno,
Pierde el pan y pierde el perro.
Qui d'autrui nourrit le chien,
Perd pain et chien.

3613. Pan ajeno caro cuesta.
Pain d'autrui se paie cher.

3614. Pan y vino andan camino.
Pain et vin valent monture.

3615. A falta de pan, buenas son tortas.
Faute de pain, on mange du gâteau.

3616. A pan duro, diente agudo.
À pain dur, dents aiguës.

3617. Al enhornar se tuerce el pan.
À mal enfourner, on fait les pains cornus.

3618. Al que corne bien el pan, es pecado darle ajo.
À qui mange bien le pain sec, il ne faut point de ragoût.

3619. Paños lucen en palacio, que no hijosdalgo.
Les galons des courtisans éblouissent plus que leurs parchemins.

3620. El buen paño en el arca se vende.
Bon drap trouve acheteur sans qu'on l'étale.

3621. Quien se viste de mal paño,
Dos veces se viste al año.
Qui économise sur la qualité du drap,
Le paiera deux fois.

3622. Una pared blanca
Sirve al loco de carta.
Les murailles blanches sont le papier des sots.

3623. Primero sean tus dientes
Que tus parientes.
Soigne d'abord tes dents,
Et puis tes parents.

3624. Ayamos paz, y moriremos viejos.
Ayons la paix, et nous mourrons vieux.

3625. Todas las cosas obedecen a la pecunia.
Tout obéit à l'argent.

3626. Mas vale dejar en la muerte al enemigo,
Que pedir en la vida al amigo.
Mieux vaut faire des legs à son ennemi,
Que d'emprunter durant sa vie, même à un ami.

3627. Nunca pides a quien tiene,
Sino a quien sabes que bien te quiere.

*La question n'est pas si l'on a ce que tu demandes,
mais si l'on a la volonté de te le donner.*

3628. Al peligro, con tiento ;
Y al remedio, con tiempo.
Au péril, discrètement ; et au remède, brusquement.

3629. La pintura y la pelea,
Desde lejos me la ojea.
Peinture et bataille, ne sont bien belles qu'à distance.

3630. Pensar muchas, y hacer una.
Il faut peser plusieurs partis, et n'en prendre qu'un.

3631. De espacio piensa,
Y obra a priesa.
Délibère lentement, et exécute lestement.

3632. Perdido es quien tras perdido anda.
Suivre un perdu est le bon moyen de se perdre.

3633. Lo perdido vaya por amor de Dios.
Ce qui est perdu, Dieu l'a pris.

3634. Tapar la nariz,
Y comer la perdiz.
Pour manger la perdrix, bouche-toi les narines.

3635. Pereza, llave de pobreza.
Insouciance mène à indigence.

3636. El perezoso
Siempre es menesteroso.
Le paresseux est toujours besoigneux.

3637. El mozo perezoso, por no dar un paso, da ocho.
Valet paresseux, pour épargner un pas, en fait huit.

3638. El perro con rabia, a su amo muerde.
Chien enragé mord son maître.

3639. El perro del herrero duerme a las martilladas,
Y despierta a las dentelladas.
Le chien du forgeron dort au bruit du marteau et se réveille pour donner un coup de dent.

3640. El perro del hortelano, que ni come las berzas, ni las deja comer.
Comme le chien du jardinier, qui ne prend ni ne laisse prendre.

3641. El perro flaco, todo es pulgas.
Ou : A perro viejo, todas son pulgas.
Chien fainéant est tout puces.

3642. Ladreme el perro, y no me muerda.
Passe pour aboyer, mais que je ne sois pas mordu.

3643. Los perros de Zurita, no teniendo a quien,
Unos a otros se muerden.
Chiens qui ne trouvent pas à mordre, s'entre-mordent.

3644. Quien a su perro quiere matar,
Rabia le ha de levantar.
Qui veut tuer son chien, lui trouvera des symptômes de rage.

3645. Quien anda con pez, se marchará los dedos.
On ne manie pas la poix sans se poisser.

3646. Carne carne cria,
Y pezes agua fria.
La chair naît de la chair ;
Et le poisson, de l'eau claire.

3647. El que mal pleito tiene, a voces lo mete.
Qui a mauvaise cause, l'embrouille volontiers.

3648. El que esta en pie, mire no caiga.
Qui est debout, prenne garde de tomber.

3649. No hay piedra berroqueña que dende a un año
No ande lisa al pasamano.
Il n'est pierre si dure qu'une année de frottement ne polisse.

3650. Piedra sin agua
No aguza en la fragua.
Pierre sans eau, n'aiguise point.

3651. La pierna en el lecho,
Y el brazo en el pecho.
La jambe malade dans le lit, et le bras malade en écharpe.

3652. No estirar la pierna mas de lo que alcanza la manta.
Il ne faut pas allonger la jambe plus loin que ne peut aller la couverture.

3653. Mirate a los pies, y desharas la rueda.
Mesure tes jambes, et tu te passeras d'attelage.

3654. Al pobre no es provechoso,
Acompañarse con el poderoso.
Pauvre ne gagne guère à se joindre au puissant.

3655. A pobreza no hay verguenza.
Pauvreté fait perdre la honte.

3656. Quien pobreza tiene, de sus deudos es desden ;
Y el rico, sin serlo, de todos es deudo.
Nul n'est parent du pauvre, et tous le sont du riche.

3657. La pobresa no es vileza, mas es madre de picardia.
La pauvreté n'est pas vile, mais elle pousse l'homme à s'avilir.

3658. No te abatas por pobreza,
Ni te ensalces por riqueza.
Point d'abattement dans le malheur, ni d'enflure dans la prospérité.

3659. Pollino que me lleve, y no caballo que me arrastre.
Plutôt un poulain qui me porte, qu'un cheval qui me jette à terre.

3660. Bien predica quien bien vive.
La bonne vie est le meilleur sermon.

3661. Al buen pagador, no le duelen las prendas.
Bon payeur n'est pas tourmenté par son gage.

3662. Quien presta al amigo,
Cobra un enemigo.
Prêter à un ami, c'est s'en faire un ennemi.

3663. Quien caminando lleva priesa,
En camino llano tropieza.
Qui précipite ses pas, bronche en belle voie.

3664. A cada puerco le llega su San-Martin.
Tout porc finit par voir sa Saint-Martin.

3665. Para un ruin puerco, no hay mala castaña.
Pour mauvais porc, il n'est point de mauvais glands.

Q

3666. Quien bien quiere,
De lejos vee.
Qui aime bien, voit de loin.

3667. Quien bien te quiera, te hará llorar.
Qui t'aime bien, te fera pleurer.

3668. Porque te quiero, te aporreo.
Si je te rudoie, c'est que je t'aime.

3669. Si bien me quieres, tus obras me lo diran.
Si tu m'aimes, charge tes actions de me le dire.

3670. Entonces no quisiste, agora no podras.
Ce qu'en son temps, on ne veut,
Après coup on ne le peut.

3671. Quien todo lo quiere,
Todo lo pierde.
Qui veut tout, perd tout.

3672. Quien bien quiere a Beltran,
Bien quiere a su can.
Qui aime Bertrand, aime son chien.

3673. Al que no quiere caldo, darle tres tazas.
À qui refuse le bouillon, donnes-en triple portion.

3674. Quien bien quiere a Pedro,
No hace mal a su perro.
Qui aime Pierre, ne fait point de mal à son chien.

3675. Lo que no quieres para ti,
No lo quieras para mi.
Ce que tu ne veux pas pour toi,
Ne t'en mets pas en peine pour moi.

R

3676. Mucho sabe la raposa
Pero mas el que la toma.

Le renard en sait long, mais celui qui le prend en sait un peu plus.

3677. Acoji al raton en mi cillero,
Y volvióse mi heredero.
J'ai logé le rat, et il me dévalise.

3678. Quien no oye razon, no haze razon.
Qui n'entend pas raison, doit agir sans raison.

3679. Remienda tu paño,
Y pasaras tu año.
Habit raccommodé, dure toute l'année.

3680. No se puede repicar, y andar a la procession.
On ne peut être au carillon et à la procession.

3681. En salvo esta el que repica.
Qui sonne le tocsin, ne va pas au danger.

3682. Nuevo rey, nueva ley.
Nouveau roi, nouvelle loi.

3683. Con el rey y con la inquisicion, chitos.
Avec le roi et l'inquisition, chut !

3684. De mozo rezongador,
Nunca buena labor.
De valet grondeur, n'attends point bon service.

3685. Quien en un año quiere ser rico,
Al medio le ahorcan.

Qui veut être riche au bout de l'an,
Sera pendu à la Saint-Jean.

3686. Ni al rico faltan amigos,
Ni al pobre olvidos.
Un riche ne manque guère d'amis,
Ni un pauvre d'oublis.

3687. Por agua del cielo, no dejes tu riego.
En attendant l'eau du ciel, arrose toujours.

3688. A rio revuelto, ganancia de pescadores.
Eau trouble, bonne affaire pour le pêcheur.

3689. Do va mas hondo el rio,
Haze mener ruido.
Où l'eau est la plus profonde,
C'est là que moins elle gronde.

3690. A Dios rogando, y con el mazo dando.
Prie les saints, et pourtant donne ton coup de maillet.

3691. Cuando a Roma fueres,
Haz como vieres.
Quand à Rome tu seras, fais comme tu verras.

3692. Hablando del rey de Roma,
Pronto asoma.
En parlant d'un homme de renom,
Mets-toi au balcon.

3693. Romeria de cerca,
Mucho vino y poca cera.
Pèlerinage voisin,
Peu de cire et beaucoup de vin.

3694. Mejor es descocer, que no romper.
Mieux vaut découdre qu'arracher.

3695. Tener el rosario en las manos, y el diablo en el alma.
Tel a le chapelet en main, qui a le diable au corps.

3696. Quien ruin es en su tierra,
Ruin es fuera d'ella.
Qui est mauvais chez lui, ne vaudra pas mieux dehors.

S

3697. Quien poco sabe, presto lo reza.
Qui sait peu, se hâte de le débiter.

3698. Lo que saben tres,
Sabe toda res.
Ce que trois savent, tous le savent.

3699. Los dineros del sacristan
Cantando se vienen, y cantando se van.
L'argent du chantre vient par le gosier et s'en va de même.

3700. Mas vale la salsa que los caracoles.
Grâce à la sauce, les limaçons se mangent.

3701. A gran salida,
Gran caida.
À grande montée, grande descente.

3702. Quien sarna tiene, que se rasque.
Qui est morveux, qu'il se mouche.

3703. Decia la sarten al cazo : Quita allá, no me ensucies.
Le chaudron disait à la poêle : « Prends donc garde de ne pas me salir. »

3704. De las cosas mas seguras la mas segura es dudar.
Entre les choses les plus sûres, la plus sûre ne l'est guère.

3705. Poda tardio, y siembra temprano ;
Si errares un año, acataras cuatro.
Taille tard et sème tôt ; si tu te trompes une fois, tu auras quatre fois ta revanche.

3706. En un lugar de señorio, no hagas tu nido.
Ne fais pas ton nid près d'un château.

3707. No hay tal hechizo
Como el buen servicio.
Point d'enchantement pareil au service rendu.

3708. Quien a dos señores ha de servir,
Al uno ha de mentir.

Qui sert deux maîtres, trompe l'un des deux.

3709. Quien ha de ser servido,
Ha de ser sufrido.
Qui veut être servi, doit être patient.

3710. Si quieres ser bien servido, sirvete tu mismo.
Si tu veux être bien servi, sers-toi toi-même.

3711. Servir al noble, aunque sea pobre.
Si tu sers, que ce soit à un noble, fût-il pauvre.

3712. Quien sirve, no es libre.
Qui sert, n'est pas libre.

3713. Sirve a señor, y sabras que es dolor.
Prends un maître, et tu sauras ce que c'est que souffrir.

3714. Harto (*ou* assaz) pide, quien bien sirve.
Assez demande qui bien sert.

3715. Ni pollos sin tocino,
Ni sermon sin Augustino.
Point de volaille sans lard, ni de sermon sans saint Augustin.

3716. Lo que ha de hazer el tiempo, hagalo el seso.
Ce que doit faire le temps,
Fais-le par le bon sens.

3717. La ciencia es locura,
Si buen seso no la cura.

La science n'est que folie,
Si le sens ne s'y associe.

3718. Quien no ha visto Sevilla,
No ha visto maravilla.
Qui n'a pas vu Séville,
Ne sait pas ce que c'est qu'une merveille.

3719. Soplar y sorber,
No puede junto ser.
Souffler et avaler, ne se peuvent arranger.

3720. No se ha de mentar la soga en casa del ahorcado.
Dans la maison du pendu, ne parle point de corde.

3721. A quien Dios no le dio hijos,
El diablo le dio sobrinos.
À qui Dieu n'a pas donné d'enfants,
Le diable lui envoie des neveux.

3722. Si estuvieres subido,
No te deseen caido.
Si tu es monté, fais qu'on ne désire point te voir à bas.

3723. Quien no sabe sufrir,
No sabe regir.
Qui ne sait patienter, ne sait pas gouverner.

3724. Quien de los suyos se aleja,
Dios le deja.
Qui s'éloigne des siens, Dieu l'abandonne.

T

3725. A la par es negar y larde dar.
Refuser, et donner tard, même chose.

3726. Nunca es tarde, cuando llega.
Mieux vaut tard que jamais.

3727. Del mal que el hombre teme,
De aquel se muere.
Ce que l'on craint, justement on en meurt.

3728. Tanto vales
Cuanto tienes.
Selon ce que tu as, tu vaux.

3729. Quien poco tiene, poco teme.
Petit avoir, peu de soucis.

3730. El que no tiene, el rey lo hace libre.
Celui qui n'a rien, le roi le laisse en paix.

3731. Quien mas tiene, mas quiere.
Avec l'avoir croît le désir.

3732. Toma el tiempo segun viene.
Prends le temps comme il vient.

3733. Tal el tiempo,
Tal el tiento.
Selon le temps, la précaution.

3734. El tiempo es maestro en todas les artes.
Le temps est maître en tous arts.

3735. Quien tiempo tiene y tiempo atiende,
Tiempo viene que le arrepiente.
Qui a le temps, et attend,
Se repentira avec le temps.

3736. Mudanza de tiempos, bordon de necios.
Changement de temps, refrain des sots.

3737. Se debe tolerar
Lo que no se puede mudar.
Ce qu'on ne peut changer,
Il le faut supporter.

3738. Mas vale un toma, que dos te daré.
Un tiens vaut mieux que deux tu l'auras.

3739. El mal trago, pasarlo presto.
Bouchée amère, avale-la promptement.

3740. Quien a treinta no tiene seso, rapalde el libro.
Qui est ignare à trente ans, n'a que faire de livres.

3741. Quien a treinta años no tiene seso,
Y a quarenta, prosperidad ;
No puede bien a otro heredar.
Qui à trente ans n'a pas trouvé le bon sens,
Et à quarante, une rente,
Doit renoncer à hériter.

3742. Tripas llevan pies, que no pies a tripas.
*C'est le ventre qui porte les pieds, et non pas les pieds
le ventre.*

3743. Tripa llena
A Dios alaba.
*Ventre plein
Trouve tout bien.*
Ou : *Quand on sort d'un bon repas,
Que tout est bien ici-bas !*

3744. Quien tropieza y no cae,
En su paso anade.
Qui trébuche sans tomber, fait un plus grand pas.

3745. No se cojen truchas,
A brajas enjutas.
Qui craint de se mouiller, ne prendra pas de truites.

V

3746. Mal me quieren mis comadres,
Porque les digo las verdades.
*Mes commères m'en veulent parce que je leur dis leurs
vérités.*

3747. Mas vale verguenza en cara que mancilla en corazon.
Mieux vaut rougeur au front, que tache au cœur.

3748. Do no hay verguenza,
No hay virtud buena.
Où il n'y a pas de pudeur, il n'y a vertu qui vaille.

3749. Quien tiene buen vezino, tiene buen amigo.
Qui a bon voisin, a bon ami.

3750. Si hazen la barba a tu vezino, pon la tuya en remojo.
Quand on rase ton voisin, savonne-toi le menton.

3751. No bebas agua que no veas,
Ni firmes carta que no leas.
Ne bois pas d'une eau que tu n'aies point vue,
Ni ne signe un écrit que tu n'aies pas lu.

3752. Ahora que te veo, me acuerdo.
Maintenant que te voilà, je pense à toi.

3753. De luengas vias, luengas mentiras.
De longs voyages, longs mensonges.

3754. Gran victoria es la que sin sangre se alcanza.
Grande victoire, que celle qui ne coûte point de sang.

3755. El que tiene tejados de vidrio, no tire piedras al de su vezino.
Qui a un toit de verre, ne doit pas briser les tuiles du voisin.

3756. Si teneis la cabeza de vidrio,
No os tomeis a pedradas conmigo.

Si tu as la tête de verre,
Ne m'attaque pas à coups de pierres.

3757. Hombre viejo, cada dia un malo nuevo.
À homme d'âge,
Chaque jour nouveau dommage.

3758. A perro viejo, no le digas : quiz quiz (*Ou :* No hay :
Tus, tus).
Vieux chien, ne l'excite point.

3759. No dejar los caminos viejos
Por los senderos nuevos.
Ne quitte pas les vieux chemins pour les nouvelles
routes.

3760. No le quiere mal, quien le hurta al viejo lo que ha de
cenar.
Voler à un vieillard son souper, c'est l'obliger.

3761. Pregonan vino, y venden vinagre.
On affiche du vin, et l'on vend du vinaigre.

3762. Quien es amigo del vino,
Enemigo es de si mismo.
Qui aime le vin, ne s'aime point.

3763. Al que mal vive, el miedo le sigue.
Qui vit mal, la peur l'escorte.

3764. El que larga vida vive,
Mucho mal ha de pasar.

Qui vit longtemps, sait ce qu'est douleur.

3765. No mires la cosa, sino la voluntad con que se hace.
Songe moins à ce qu'on fait,
Qu'à l'intention que l'on y met.

Y

3766. Mala yerba mucho crece.
Mauvaise graine
Croît sans peine.

3767. Yerba mala nunca muere.
Mauvaise herbe ne se déracine guère.

3768. Tan grande es el yerro, como el que yerra.
La faute se mesure à la grandeur du coupable.

———